국제사법재판소(ICJ)
나라 사이의 다툼을 국제법에 따라 해결해.

유엔교육과학문화기구(UNESCO)
교육, 과학, 문화 분야의 교류를 통해 국가 간 협력을 도모하며, 보호해야 할 가치가 있는 세계 유산을 보호하는 일을 해. 보통 '유네스코'라고 불러.

유엔인도주의업무조정국(UNOCHA)
재난 때문에 피해를 입은 사람들에게 식량, 의약품 등을 지원하고, 피해 지역 복구 작업을 도와줘.

유엔식량농업기구(FAO)
식량 문제를 해결하고 사람들에게 질 좋은 식량을 공급하기 위해 연구해.

유엔아동기금(UNICEF)
아이들의 생존과 권리를 위해 일하는 기관으로, '유니세프'라고 불러.

유엔개발계획(UNDP)
개발 도상국에 대한 불평등을 해소하고, 빈곤을 퇴치하기 위해 노력해.

국제노동기구(ILO)
노동자의 권리를 보호하는 곳이야.

유엔환경계획(UNEP)
지구 온난화, 오존층 파괴, 멸종 위기종 보호 등 환경과 생태계를 지키는 일을 해.

유엔인구기금(UNFPA)
인구 문제에 관한 인식을 높이고, 개발 도상국의 인구 정책을 지원하는 기관이야.

유엔인권이사회(UNHRC)
사람들의 인권을 보호하는 일을 해.

EINE WELT FÜR ALLE by Dela Kienle with illustrations by Mieke Scheier
Copyright © 2023 by CARLSEN Verlag GmbH, Hamburg, Germany
All rights reserved.
Korean edition copyright © 2024 by RH Korea Co., Ltd.
Korean edition is published by arrangement with CARLSEN Verlag GmbH
through Orange Agency, Korea.

이 책의 한국어판 저작권은 오렌지 에이전시를 통해 저작권사와 독점 계약한 (주)알에이치코리아에 있습니다.
저작권법에 의해 한국 내에서 보호받는 저작물이므로 무단 전재와 복제를 금합니다.

지구촌 해결사, UN
모두가 행복한 세상을 꿈꿔요!

델라 킨레 글   미케 샤이어 그림   김영진 옮김

차례

모두에게 더 나은 세상을! · 8
하나뿐인 지구, 수많은 문제 · 10
우리는 모두 연결되어 있어 · 12
유엔은 어떻게 탄생했을까? · 14
해결 방법을 찾아라 · 16
유엔의 활동 무대는 전 세계 · 18

평화를 지켜라 · 20
평화 유지 활동이란? · 22
난민이 된 사람들 · 24
기후 변화를 막고 환경을 보호하라 · 26
지구가 뜨거워지면? · 27
온실가스 배출량을 줄이는 방법 · 29
자연 보호는 바로 인간 보호! · 30
배고픔과 가난을 해결하라 · 32
가난에서 벗어나려면? · 34
굶주림에 고통받는 사람들 · 36
기아는 왜 생길까? · 37

이 세상의 갈등은 어떻게 해결할까?

다 함께 힘을 합쳐서 자립할 수 있는 방법을 찾아보자고요!

저도 가난에서 벗어날 수 있겠죠?

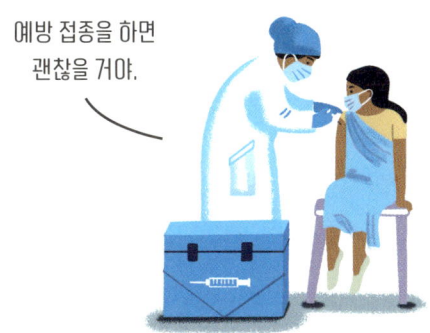

예방 접종을 하면 괜찮을 거야.

건강을 지켜라 • 38
주사 한 대의 놀라운 효과 • 40
모두가 깨끗한 물을 마시고 사용할 수 있는 날이 올까? • 42
인권을 지켜라 • 44
모든 어린이는 배울 권리가 있어 • 46
여자아이라서 안 된다고? • 48

세계의 시급한 문제들을 빨리 해결할 수 없는 이유 • 50
더 좋은 방향으로 나아가고 있어 • 52
우리 손에 달렸어 • 54
나도 오늘부터 환경 지킴이! • 55
2030 지속 가능한 발전 목표 • 56
옮긴이의 말 • 57

21, 32, 35, 43, 47, 49쪽에 등장하는 사람들은 가상의 인물입니다.
이 사람들이 살아가는 모습을 통해 세계 여러 나라의 상황을 짐작해 보세요.

아프면 누구나 언제든 치료받을 수 있는 날이 오겠지?

모두에게 더 나은 세상을!

우리가 사는 세상은 정말 멋지지만, 사실 해결해야 할 문제가 많이 있어. 그래서 사람들은 "어떻게 하면 이 세상을 지금보다 더 살기 좋은 곳으로 만들 수 있을까?" 하고 끊임없이 고민해.

하나뿐인 지구, 수많은 문제

지구를 가장 힘들게 하는 건 뭘까? 지구에게 직접 들어 보자. 지구 단독 인터뷰!

지구야, 넌 사람이 살 수 있는 하나밖에 없는 행성이야. 사람들과 함께하는 건 어떠니?

그럭저럭 괜찮아. 여기 사는 사람들은 번뜩이는 아이디어도, 재주도 많거든! 하지만 사람들이 서로 싫어하고, 싸우는 모습을 보면 너무 슬프고 속상해. 물론 지금은 **세계 평화**를 원한다고 말하지만, 아직 그 약속이 잘 지켜지지 않는 것 같아.

그래. 꼭 싸울 때가 아니더라도 한 사람이 다른 사람을 인간적으로 대하지 않을 때가 종종 있지.

맞아. 어느 나라에서 태어났든, 가진 게 많든 적든 다 똑같은 인간이야. 그런데 왜 어떤 사람들은 다른 사람을 억압하거나 차별해도 된다고 생각할까? 왜 누구는 배불리 먹고 잘 지내는데, 누구는 늘 배고픔에 시달려야 하지? **인간은 누구나 동등한 권리를 누리면서 잘 살 수 있어야 하는데 말이야.** 너무 안타까워.

지구야. 넌 사람들의 집이나 마찬가지잖아. 이 한정된 공간에 최근 100년 동안 사람들이 너무 빠르게 늘어났지?

응. 사람들이 갑자기 너무 많아졌어!
70년 전보다 3배 이상 늘어서 이제 80억 명도 넘어.
사람이 많아지니까 지낼 곳도, 먹을거리도 부족하겠지?
그래서 도시를 만들기 위해 자연을 없애고
열대 우림을 농지와 목초지로 바꾸는 걸 테고.
하지만 사람들의 이런 행동 때문에 나는 계속 뜨거워지고,
기후는 빠르게 변해. 홍수와 가뭄 같은 자연재해가
빈번해지는 것도 사람들의 영향이 커. 난 이제 너무 지쳤어.

지구는 딱 하나인데, 사람들은
네가 몇 개는 더 있는 것처럼
행동한다는 거지?

바로 그거야!
나를 아프게 하면 자신들의 터전도
파괴된다는 걸 모르는 것 같아.
서로 **존중**하면서 내가 주는 자원들을
아껴서 잘 사용하면,
모두 여기에서 얼마든지 행복하게
살 수 있는데 말이야!

우리는 모두 연결되어 있어

다른 나라 사람들이 어떻게 살든 나와는 아무 상관 없다고? 그렇지 않아. **전 세계 사람들은 모두 연결되어 있거든.** 하나의 커다란 그물처럼 말이야.

요즘은 전화와 인터넷 덕분에 뉴질랜드에 사는 친척, 아프리카 나미비아에 사는 사업 파트너 등 멀리 있는 사람과도 쉽게 연락을 주고받을 수 있어. 안부 묻기, 물건 사기, 약속 정하기, 화상 회의 하기, 온라인 뉴스 보기 같은 일이 아주 쉬워졌지.

또 여행사를 통하지 않고도 개개인이 인터넷으로 여행을 계획할 수 있게 되면서 지금은 예전보다 해외여행을 떠나기 쉬워졌어. 그러면서 다른 나라 사람과 문화, 역사에 대해 더 깊이 알 수 있게 되었지. 세계화의 물결을 타고 국제 무역도 더 활발해져서 컨테이너선들이 카카오, 컴퓨터, 핸드폰, 청바지 등 갖가지 물건을 싣고 밤낮없이 전 세계를 누비고 있어. 우리가 날마다 사용하는 물건들은 대부분 먼 나라에서 온 거야.

전 세계가 서로 연결되어 있어서 좋은 점이 많지만, 오히려 문제가 커질 때도 있어. 한 지역에서 발생한 위기가 다른 지역으로 아주 빨리 퍼질 수 있거든. 코로나바이러스가 한순간에 전 세계로 번진 것처럼 말이야!

책 곳곳에 있는 손 모양 아이콘을 보면 전 세계에서 일어나는 문제들이 서로 어떻게 연결되어 있는지 쉽게 알 수 있어.

큰 회사들은 보통 가난한 나라에 공장을 지어. 덕분에 그 나라에 일자리가 생기지만, 노동자들의 월급은 아주 적은 편이야. 또 공장 때문에 주변 환경이 오염되기도 해.

면화가 티셔츠가 되기까지

안녕! 나는 아주 먼 거리를 여행해서 옷장에 왔어. 그 과정에서 아주 많은 사람을 만났지.

먼저 천의 재료인 면화를 재배하려면 욕조 16개를 가득 채울 만큼의 물이 필요해. 면화는 아프리카 부르키나파소에서 재배되는데, 사실 이 나라는 아주 심각한 물 부족 문제를 겪고 있어.

천은 튀르키예에서 만들어서 중국으로 보내 염색을 해. 이때 사용되는 화학 약품 중에는 독성 물질도 있어서 공장에서 일하는 사람들이 병에 걸리기도 해.

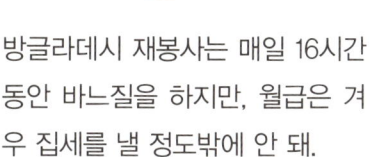

방글라데시 재봉사는 매일 16시간 동안 바느질을 하지만, 월급은 겨우 집세를 낼 정도밖에 안 돼.

우리는 무엇을 할 수 있을까?

가장 중요한 것은 '관심'이야. 내가 구입하려는 물건을 만든 사람들이 정당한 임금을 받았는지, 위험한 환경에서 일한 것은 아닌지 끊임없이 생각해야 해.
정부는 기업이 물건을 만들어서 팔 때까지의 모든 과정이 공정하게 이루어지는지 감시해야 해. 모든 나라가 연결되어 있어서 생기는 국제 협력의 장점은 세상 사람 모두가 누려야 하니까!

나는 다른 옷들과 함께 옷장에서 살아. 이 중에는 유기농 면으로 만들어진 친환경 옷도 있어. 그 옷을 만든 사람들은 정당한 임금을 받으면서 일했대. 이렇듯 생산자는 노동에 대한 정당한 임금을 받고, 소비자는 조금 더 질 좋은 제품을 얻는 무역 형태를 '공정 무역'이라고 해.

유엔은 어떻게 탄생했을까?

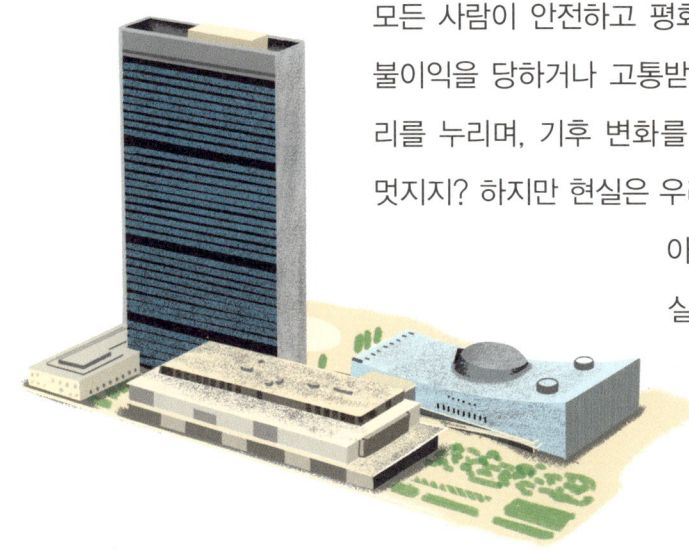

모든 사람이 안전하고 평화롭게 살아가는 세상을 떠올려 봐. 불이익을 당하거나 고통받는 사람이 없고, 누구나 동등한 권리를 누리며, 기후 변화를 걱정하지 않는 세상 말이야! 정말 멋지지? 하지만 현실은 우리가 상상하는 세상과는 조금 달라. 아직 해결해야 할 문제가 많거든.

실제로 세계 곳곳에서 일어나고 있는 다양한 문제들을 해결하는 국제기구가 있어. 바로 **유엔(United Nations, UN)**이야. '**국제 연합**'이라고도 해.

유엔은 1945년에 설립되었어. 제2차 세계 대전이 끝난 지 얼마 안 되었을 때였지. 당시 많은 나라가 전쟁에 참여했고, 전투가 일어났던 도시들은 잿더미로 변했어. 전쟁 때문에 몸과 마음이 지친 사람들이 바란 것은 하나, '세계 평화'였어. 그래서 모든 사람의 안전을 지키고 평화를 유지하기 위해 유엔이 탄생하게 된 거야. 세계 평화와 안전은 오늘날까지도 유엔의 가장 중요한 목표이자 임무야.

현재 유엔이 하는 일은 설립 초기보다 훨씬 많아. 세계의 중요한 문제들을 더 효율적이고 전문적으로 해결하기 위해 여러 분야로 나누어 활동하고 있거든. 2024년 5월 현재 유엔 회원국은 193개국이야. 세계의 거의 모든 나라가 가입한 셈이지. 한국은 1991년에 161번째로 가입했어!

유엔 헌장은 유엔의 목표와 활동 규칙을 담은 조약이야. 유엔이 설립될 당시에 가입했던 국가들이 만장일치로 통과시켰어. 제1조에는 유엔의 목표가 담겨 있어.

유엔 헌장 제1조

1. 세계 평화와 안전을 지키고, 이를 위협하는 국제적 분쟁이나 요소는 평화적인 방법으로 해결한다.
2. 평등권, 자결(자신의 일을 스스로 결정하는 것)의 원칙에 의해 국가 간 우호 관계를 발전시키며, 세계 평화 유지를 위한 조치를 취한다.
3. 세계의 다양한 문제를 해결하고 모든 사람을 차별 없이 대하며, 인권과 자유를 존중하여 국제 협력을 이룬다.

유엔은 회원국들끼리 더 원활하게 소통하고, 더 많은 나라가 지구촌 문제에 관심을 가지고 참여할 수 있도록 공식 언어를 지정했어.

공식 언어는 총 6개이고, 이건 모두 '평화'라는 뜻이야!

мир (러시아어)
سلام (아랍어)
和平 (중국어)
paix (프랑스어)
paz (스페인어)
peace (영어)

유엔 본부는 미국 뉴욕에 있지만 다른 조직과 기구들의 본부는 독일 본, 스위스 제네바, 케냐 나이로비 등 여러 나라의 도시에 흩어져 있어. 유엔의 엠블럼은 평화를 뜻하는 올리브 나뭇가지 한 쌍이 전 인류를 뜻하는 지구를 감싸고 있는 모습이야.

▲ 유엔 엠블럼

해결 방법을 찾아라

반에서 갈등이 일어나거나 새로운 규칙을 정해야 할 때는 학급 회의가 열려. 이때 반 친구들이 함께 의견을 나누며 해결 방법을 찾지? 유엔이 일하는 방식도 학급 회의 방식과 비슷해. 모든 회원국 대표가 만나서 시급하고 중요한 문제에 관해 의견을 나누고, 문제를 어떻게 해결해 나갈지 결정하거든.

하지만 모든 회원국이 받아들일 수 있는 해결 방안을 찾는다는 것은 정말 어려워. 나라마다 전통, 관점, 원하는 것, 중요하게 생각하는 가치 등이 다 다르니까!

유엔은 유엔총회, 안전보장이사회, 경제사회이사회, 국제사법재판소, 신탁통치이사회, 유엔사무국 등 6개 조직과 여러 기구들로 이루어져 있어. 그중 유엔총회와 안전보장이사회, 유엔사무국은 어떤 곳인지 알아볼까?

유엔총회는 유엔의 최고 의사 결정 기관이야. 1년에 한 번씩 회원국 대표들이 모여서 세계의 주요한 문제들을 어떻게 해결할지 논의하고, 그 내용을 바탕으로 결의안을 만들어. 어떤 일을 투표로 결정하기도 하는데, 이때 각 나라의 투표권은 하나씩이야. 아주 작은 섬나라 나우루도, 아주 큰 나라 중국도 똑같이 한 표씩 던질 수 있어.

안전보장이사회(안보리)는 전쟁을 막거나 분쟁, 내전을 중재하는 일을 해. 미국, 영국, 프랑스, 러시아, 중국 등 5개 '상임이사국'과 2년마다 투표를 통해 새로 선출하는 10개 '비상임이사국'을 합해 총 15개 나라로 이루어져 있어. 한국은 지금까지 비상임이사국으로 총 세 번 뽑혔어.

유엔에서 결정된 일을 실행하는 조직이 **유엔사무국**이야. 최고 책임자인 사무총장은 유엔의 모든 업무를 지휘해. 사무총장으로 일했던 한국인도 있어. 반기문 사무총장은 2007년부터 2016년까지 10년 동안 유엔사무국을 이끌었어.

> 유엔총회에서는 회원국들이 세계의 주요 문제에 관해 다 같이 의논하고 결정을 내린다고 했지? '2030 지속 가능한 발전 목표'도 회원국들이 함께 결정한 의제 가운데 하나야. 전 세계 사람들의 삶의 질을 높이기 위해 17개 목표를 세우고 2030년까지 달성하기로 약속했어. 56쪽에서 자세히 소개할게.

유엔의 활동 무대는 전 세계

'세계 평화'라는 목표를 세웠다는 것 자체로도 아주 큰 의미가 있지만, 더 중요한 것은 이 생각을 행동으로 옮기는 거야. 그래야 세상이 지금보다 더 정의롭고, 더 나은 곳이 될 테니까!
유엔에는 수많은 기구가 있고, 다양한 나라에서 모인 직원들이 공동의 목표를 이루기 위해 전 세계를 무대로 활동하고 있어. 유엔에서 일하는 사람들을 만나 볼까?

유니세프는 어려움에 처한 어린이들에게 옷과 음식, 모기장, 의약품, 학용품 등 구호 물품을 보내 도움을 주고 있어. 레네 씨는 덴마크 코펜하겐에 있는 유니세프 물류 창고에서 물건을 옮기는 일을 해.

프란시스코 칼리 쓰아이 씨는 과테말라 마야족 출신이야. 스위스 제네바에 본부를 두고 있는 **유엔인권이사회**에서 특별보고관으로 일하면서 전 세계 원주민들의 권리를 보호하는 일을 해. 원주민들은 불이익을 당하는 경우가 많거든.

네덜란드 헤이그에 있는 **국제사법재판소**는 국가 간 분쟁을 법에 따라 해결하는 사법 기관이야. 미국인 판사 조안 E. 도너휴 씨가 재판소 소장을 맡고 있어.

유네스코는 세계적으로 가치 있는 건축물과 자연 경관, 풍습 등 세계 유산을 보호하는 일을 해. 이뿐 아니라 모든 사람에게 평등한 교육 기회를 제공하고, 과학 기술을 발전시키는 여러 활동도 하고 있지.

거센 폭풍우 때문에 모잠비크에 큰 홍수가 나자, 구조용 헬리콥터가 지붕 위로 대피한 사람들을 구하러 왔어! **유엔인도주의업무조정국** 국장인 서배스천 로즈 스탐파 씨는 재해가 발생하면 현장에 나가 긴급 구조 작전을 지휘해.

평화를 지켜라

다행히도 유엔이 설립된 후, 제2차 세계 대전 같은 세계적인 규모의 전쟁은 일어나지 않았어. 하지만 아직도 세계 곳곳에서는 크고 작은 전쟁이 끊임없이 벌어지고 있어. 전쟁은 남자, 여자, 어른, 아이를 가리지 않고 모두에게 끔찍한 피해를 입혀. 사람들은 전쟁 내내 두려움에 떨고, 가족과 헤어지고, 다치거나 목숨을 잃기도 해. 평생 잊지 못할 무시무시한 경험을 해서 후유증을 겪는 사람도 많아.

사람들은 전쟁이 일어나면 살아남기 위해 피란을 떠나. 언제가 다시 돌아올 수 있으리라는 보장도 없이 정든 집을 버려둔 채 말이야. 현재 세계 인구 80명 중 1명은 난민으로 살아가고 있어. 전쟁은 집, 학교, 병원, 공장, 도로 등 삶의 터전을 모두 파괴해. 전쟁이 끝나고 평화가 찾아온다고 해도 사람들 대부분은 당장 살 집과 일자리가 없어서 어려움을 겪어. 학교에 가지 못하는 아이들도 아주 많지.

전쟁은 사람들을 굶주리게 해. 전쟁이 벌어지는 곳에서는 땅을 일굴 수 없어서 식량을 구하기 어렵거든. 식량은 부족한데 구하려는 사람은 많으니, 가격이 껑충 뛰어.

열두 살에 총을 들어야 했던 아이
아프리카 시에라리온에 살던 프랜시스는 명랑한 남자아이였어. 힙합 음악과 축구를 좋아했지. 그런데 어느 날, 시에라리온에 내전이 일어났어. 군인들은 프랜시스를 강제로 데려가 무장시킨 후, 전쟁터에 내보냈어. 프랜시스는 무서운 전쟁터에서 살아남기 위해 다른 사람을 죽일 수밖에 없었지. 2년 뒤, 자유의 몸이 된 프랜시스는 소년병 재활 센터에서 생활하면서 자고, 놀고, 사람을 믿는 방법을 배웠고, 그제야 웃음을 되찾았어.

소년병은 18세 미만의 나이 어린 군인이야. 현재 전 세계에는 약 25만 명의 소년병이 있고 그중에는 여자아이도 있어. 이 아이들은 군인이 되는 것을 원하지 않았지만, 대부분 강제로 끌려갔어.

전쟁은 왜 일어나는 걸까?
전쟁은 어떤 문제를 평화적인 방법 대신 힘으로 해결하려고 하거나, 다른 누군가가 가지고 있는 것을 빼앗으려고 할 때 발생해. 예를 들면 두 민족이 모여 사는 나라에서 한 민족이 억압당할 때, 한 나라가 다른 나라의 영토나 자원을 차지하기 위해 쳐들어갈 때 전쟁이 일어나는 거야. 또 정치나 종교 갈등이 전쟁을 일으키기도 해.

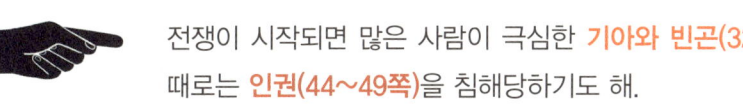

전쟁이 시작되면 많은 사람이 극심한 **기아와 빈곤(32~37쪽)**에 시달리고, 때로는 **인권(44~49쪽)**을 침해당하기도 해.
또 보금자리를 잃고 **난민(24~25쪽)**이 되는 사람들도 있어.

평화 유지 활동이란?

유엔의 중요한 임무 중 하나는 전쟁을 막고 평화를 지키는 거야. 적대 관계에 있는 나라 또는 집단 사이에서 중재하는 역할을 하는 거지. 하지만 대화로 문제를 해결하지 못할 때도 있어. 이럴 때는 안전보장이사회가 나서서 **경제 제재**를 취해. 경제 제재는 상업, 무역, 금융 등의 분야에서 경제적 불이익을 주는 것을 말해. 예를 들면 유엔 회원국 모두가 전쟁을 일으킨 나라에 그 어떤 물건도 팔지 않아서 그 나라가 더는 못 견디고 전쟁을 스스로 멈추도록 만드는 거야.

경제 제재와는 별개로 안전보장이사회는 분쟁이 악화되거나 확산되는 것을 막기 위해서 분쟁 지역에 **평화유지군**을 파견하기도 해.

보통 평화유지군은 전쟁을 벌이는 나라나 내전이 일어난 나라가 동의하거나 요청해야 파견할 수 있지만, 그렇지 않을 때도 있어. 누구의 요청이든 상관없이 유엔의 지시가 내려지면 군인은 물론이고 경찰도 분쟁 지역으로 가. 전쟁을 벌이는 세력들이 더는 충돌하지 못하도록 완충 역할을 하면서 어느 한쪽에 치우치지 않고 갈등을 평화적으로 해결하기 위해 노력해. 평화유지군은 파란색 헬멧을 쓰고 다녀서 **블루 헬멧**이라고도 불러.

한국을 포함한 전 세계 유엔 회원국이 평화유지군을 파병할 수 있고, 파병 외에 자금, 장비, 인력 등을 지원하는 방법도 있어. 평화 유지 활동에 참여할지 참여하지 않을지는 회원국 스스로 결정해.

우리는 세계 평화를 지키는 평화유지군이야.

1988년에는 평화유지군이 노벨 평화상을 받았어!

2003년, 서아프리카의 **라이베리아는 평화를 위한 발걸음을 뗐어.** 당시 14년 동안 이어진 내전으로 아주 혼란스러운 상황이었고, 총소리가 들리지 않는 날이 없었어. 결국 라이베리아에 평화 유지군이 파견되었고, 이때부터 유엔의 평화 유지 활동이 시작되었어.

라이베리아에 파견된 **평화유지군**은 전쟁터에 남아 있는 주민들을 보호해 주고, 옷과 식량 등 구호 물품도 나눠 주었어. 삶의 터전을 떠났던 난민들이 돌아와 정착할 수 있도록 임시로 살 곳도 마련해 주었지!

2005년, 라이베리아는 새 정부를 세우기 위해 대통령을 뽑기로 했어. 유엔은 선거가 공정하게 치러질 수 있도록 도왔어. 라이베리아의 모든 성인이 투표에 참여했고, 엘런 존슨설리프 후보가 대통령으로 당선되어 아프리카의 첫 여성 대통령이 되었어.

평화유지군은 2018년에 라이베리아에서 철수했지만, 유엔 구호 기구들은 현장에 남아 도로와 철도를 만들고, 일자리를 마련해 주는 등 다양한 방식으로 라이베리아를 돕고 있어.

난민이 된 사람들

현재 전 세계에는 1억 명이 넘는 사람이 보금자리를 떠나 난민으로 살고 있어. 대부분 전쟁, 정치적 불안정, 자연재해, 기후 변화, 전염병 등을 피해 다른 지역이나 이웃 나라로 도망친 사람들이야.
유엔난민기구는 삶의 터전을 빼앗긴 난민들을 보호해. 임시로 살 곳을 마련해 주고 생활용품도 지원하고 있어. 또 난민들이 새로운 곳에 잘 정착하고, 권리를 침해당하지 않도록 도와주기도 해. 유엔난민기구에서 일하는 레지나 데 라 포르티야 씨는 남아메리카 페루에서 난민 구호 활동을 하고 있어.

왜 난민을 돕는 일을 하시나요?

난민들은 원래 평범한 삶을 살던 사람들이에요. 하지만 여러 이유로 하루아침에 난민이 될 수밖에 없었죠. 살기 위해서 자기가 가진 모든 것을 버리고 도망친 거예요. 난민들은 자신들을 지켜 줄 사람이 아무도 없다고 생각하며 절망에 빠져 있어요. 저는 이런 사람들에게 힘이 되어 주고 싶어요!

페루에는 베네수엘라에서 온 난민들이 많아요.
베네수엘라 사람들은 왜 자기 나라를 떠나는 건가요?

베네수엘라 사람들 대부분이 생존을 위협받고 있어요. 몇 년 동안 물가가 크게 오르면서 식량과 의약품을 사기 어려워졌고, 정치적 문제와 인권 탄압에 시달리고 있기도 하거든요. 이러한 혼란을 견디지 못해 몇 날 몇 주를 걸어 국경을 넘는 거예요. 그렇게 도착한 나라 중 하나가 페루입니다.

페루에서 만난 난민 중에 특히 기억에 남는 분이 있나요?

아홉 살 소년 라우리가 가장 먼저 떠오르네요! 엄마, 동생과 함께 베네수엘라에서 페루로 탈출한 아이였어요. 처음 이들을 봤을 때 너무나 지쳐 보였어요. 얼마나 오랫동안 걸었는지 발에는 상처가 아주 많았고, 물집 잡힌 곳이 한두 군데가 아니었죠. 얼른 물과 먹을거리를 주고, 다친 곳을 치료해 주었어요. 라우리 가족이 마음의 안정을 찾은 다음에는 가족들보다 먼저 페루로 도망쳐 온 아버지를 찾을 수 있도록 도와주었고요. 그래서 결국 가족이 만났답니다!

라우리 가족이 새로운 나라에서 정착할 때까지 어려움이 많았을 것 같은데요. 또 어떤 도움을 주었나요?

난민들이 낯선 곳에 적응하는 건 쉬운 일이 아니에요. 특히 페루에서 계속 살기 위해서는 신분증이 필요하죠. 그래서 유엔난민기구가 현지 정부와 긴밀하게 소통하며 협조를 구했고, 그 덕분에 라우리 가족은 특별 신분증을 받게 되었어요.

신분증이 꼭 필요한가요?

네, 맞아요. 신분증이 있어야 정식으로 일하거나 학교에 갈 수 있어요. 아프면 병원에 가서 치료도 받을 수 있고요. 라우리 가족은 특별 신분증 덕분에 이곳에서 안정적으로 생활할 수 있게 됐어요. 라우리 아버지는 현재 식당에서 종업원으로 일하고 있답니다.
라우리는 초등학교에 다니고 있는데, 축구를 너무 잘해서 방과 후에는 페루 최고의 축구 클럽에서 훈련도 받는대요!

기후 변화를 막고 환경을 보호하라

기후 변화는 기후가 오랜 시간에 걸쳐 서서히 변하는 현상이야. 하지만 최근 100년 동안 기후가 아주 빠른 속도로 많이 변해서 문제가 되고 있어. 그중에서도 지구 온도가 높아지는 **지구 온난화**가 특히 환경에 나쁜 영향을 줘. 지구 온난화는 이산화 탄소나 메탄 같은 **온실가스가 대기 중에 지나치게 많아질 때 나타나**. 그렇다면 온실가스는 어디에서 배출될까?

자동차를 운행하거나 전기 제품을 사용하려면 에너지가 필요해. 에너지를 얻으려면 보통 석탄, 석유, 천연가스 같은 화석 연료를 태워야 하는데, 이 과정에서 이산화 탄소가 아주 많이 나와. 물론 바람이나 태양열을 이용한 친환경적인 방법으로도 전기를 만들어 낼 수 있지만, 아직 많은 나라가 화석 연료를 이용해서 전기를 만들고 있어.

점점 뜨거워지고 있어!
대기 중에 있는 온실가스는 태양열을 붙잡아서 지구를 따뜻하게 해 줘. 그 덕분에 생명이 살아가는 데 알맞은 온도가 유지될 수 있어. 만일 온실가스가 없다면 어떻게 될까? 지구는 얼음처럼 차가워져서 아무도 살 수 없는 곳이 될 거야. 반면 온실가스가 감당할 수 없을 정도로 많아지면 대기 중에 태양열을 너무 많이 붙잡아 두게 되고, 지구의 온도는 계속 높아져.

지구가 뜨거워지면?

전문가들은 지구의 평균 기온이 1.5℃ 이상 오르면, 앞으로는 지금 같은 환경에서 살 수 없게 될 거라고 경고했어. 지구가 뜨거워지면 어떤 일이 일어날까?

이미 많은 사람이 기후 변화의 영향을 몸으로 느끼고 있어. 폭염, 폭우, 태풍 등 기상 이변이 자주 나타나고 있거든. 그 탓에 **자연재해도 더 많이 발생하는데,** 대홍수나 산사태가 마을을 덮치거나 산불이 넓은 지역을 한순간에 잿더미로 만들어 버리기도 해.

사람이 살 수 없는 지역도 점점 늘어나. 가뭄이 오래 지속되면 물이 부족해지고 땅이 말라서 작물을 기를 수 없지. 결국 사람들은 정든 터전을 떠나야 해. 가난한 나라 사람들에게는 더 심각한 문제야. 먹고살려면 다른 나라에서 식량을 사 와야 하는데, 그럴 만한 돈이 없으니까. 기후 문제는 생존 문제이기도 해!

 기후 변화 때문에 보금자리를 잃고 난민(24~25쪽)이 되는 사람들도 많아. 세계적으로 굶주림에 시달리는 기아(36~37쪽) 인구도 점점 늘고 있어.

바닷물이 따뜻해지고 빙하가 녹으면서 해수면이 점점 높아져. 남태평양의 섬나라 키리바시는 평균 해발 고도가 약 2~3m밖에 안 되는데, 해수면이 높아져서 해안 저지대가 이미 물에 잠겼어. 언젠가는 **나라 전체가 바닷물에 잠길지도 몰라.**

짠 바닷물이 육지로 흘러들면 어떻게 될까? 그 땅에서는 더 이상 작물을 재배하기 어려워. 깨끗했던 지하수도 이용할 수 없게 되고 사람들이 마실 물도 점점 부족해질 거야.

모든 나라가 똑같이 피해를 입고 있을까?
사실 기후 변화로 인한 피해는 가난한 나라들이 더 많이 겪고 있어. 기후 재난에 대처하는 데 쓸 돈이 부족하거든. 온실가스를 내뿜어서 기후 변화를 일으킨 건 지금 잘사는 나라들인데, 오히려 가난한 나라들이 더 큰 피해자가 된 거야. 부유한 나라들은 지금에 와서야 최선을 다해 기후 변화를 막겠다고 하는데, 이게 공평한 걸까?

기후 변화로 멸종 위기에 처한 동식물도 많아.
한국의 대표 멸종 위기종 가운데 하나인 대모잠자리가 점점 사라지는 것은 사람들이 자연을 파괴해서 서식지 자체가 줄어든 탓도 있지만, 더 큰 이유는 지구의 기온이 높아져 늪지가 마르면서 서식지 환경이 변하기 때문이야.

온실가스 배출량을 줄이는 방법

유엔기후변화협약 당사국총회는 해마다 각 나라 대표들이 모여서 기후 변화 속도를 늦추는 방법을 논의하는 회의야. 특히 2015년 당사국총회에서 채택된 **파리 협정**은 아주 큰 의미가 있어. 지구의 평균 기온이 1.5℃ 이상 오르지 않도록 나라마다 구체적인 온실가스 감축 목표를 세우고, 다 함께 온실가스 배출량을 줄여 나가기로 약속했거든. 온실가스를 덜 배출하려면 어떻게 해야 할까?

각 나라는 온실가스 배출에 관한 명확하고 엄격한 규정을 만들어야 해. 예를 들면 어떤 기업의 공장이 온실가스를 기준보다 많이 배출할 경우, 무거운 벌금을 매기는 법을 만드는 거야. 이러한 방식을 통해 기업 스스로 친환경적인 생산 방식을 개발하도록 이끄는 거지.

우리 각자는 어떤 일을 할 수 있을까? 엘리베이터 대신 계단을 이용하거나 사용하지 않는 전자 제품의 플러그 뽑기, 음식을 주문할 때 배달 대신 직접 걸어가서 가져오기, 이면지 사용하기 등 생활 속에서 쉽게 할 수 있는 일이 있어. 오늘부터 하나씩 실천해 봐. 또 어떤 좋은 아이디어가 있을까?

생활 속에서 온실가스 배출량을 줄이는 방법은 많아. 우리가 할 수 있는 몇 가지 방법을 55쪽에서 소개할게!

자연 보호는 바로 인간 보호!

지구상의 생물종 가운데 약 80%가 적도 주변의 열대 우림에 살아. 거미원숭이와 둥근귀코끼리처럼 세계적으로 멸종 위기에 처한 동물들도 이곳에는 아직 남아 있어. 하지만 기후 변화 때문에 열대 우림에서도 생물종 다양성이 점점 줄어들고 있어. 자연과 생명은 서로 연결되어 있어서 한 생물종이 멸종하면 다른 생물들이 살기 힘들어지고, 생태계의 균형도 무너지게 돼. 생물종 가운데 하나인 인간도 결국 영향을 받게 될 거야.

열대 우림은 기후 변화 속도를 늦추는 데 아주 큰 역할을 해. 나무들이 어마어마한 양의 이산화 탄소를 흡수하거든! 그런데 하루에 축구장 16,000개 크기의 열대 우림이 사라지고 있어. 열대 우림은 왜 파괴될까? 대개는 기름야자 열매에서 나오는 팜유를 얻기 위해 열대 우림을 없앤 자리에 농장을 만들어. 팜유가 라면, 과자, 샴푸, 화장품 등 수많은 제품의 원료로 이용되면서 더 넓은 기름야자 농장이 필요해졌거든. 사실 제품에 팜유를 꼭 넣지 않아도 되는데, 불필요하게 사용하는 경우도 많아. 그 탓에 열대 우림이 계속 사라지는 거지.

생물종 다양성이 감소하고, 우리와 멀리 떨어진 열대 우림이 사라지는 게 왜 심각한 환경 문제인지 알겠지? 특정 지역만의 문제가 아니기 때문에 전 세계의 모든 나라가 협력해서 해결해야 해!

열대 우림 식물에서 추출한 물질은 의약품의 주요 성분으로 사용되기도 했어. 기나나무 껍질에서 추출한 퀴닌은 1940년까지 항말라리아제의 원료로 유일하게 사용되었어.

대기 오염도 모두가 함께 해결해야 할 문제야. 자동차 배기구나 공장에서 나오는 오염 물질은 그 나라에만 머물지 않고 이웃 나라로 날아가거든. 지금도 세계에는 오염된 공기 때문에 고통받는 사람들이 많아. 오염된 공기에 계속 노출되면 눈과 목이 따갑고, 천식이나 비염, 폐암 같은 호흡기병에 걸릴 위험이 커져.

인도 뉴델리에서는 대기 오염이 너무 심해지면 학교 문을 닫기도 해.

찰칵! 드론이 메콩강 위를 날아다니며 사진을 찍고 있어. 플라스틱 쓰레기가 어디에서 오는지 찾는 거야! 해마다 800만 t이 넘는 플라스틱이 강을 따라 바다로 흘러들면서 바다가 몸살을 앓고 있거든. 그래서 **유엔환경계획**은 위성과 드론으로 전 세계의 여러 하천을 감시해. 이렇게 모은 자료들을 컴퓨터로 분석해서 하천 주변 나라들에 보내. 문제의 심각성을 알려 주고, 잘못된 점을 고쳐서 강과 바다로 흘러드는 플라스틱 쓰레기를 줄일 수 있도록 도와주는 거야!

배고픔과 가난을 해결하라

배가 고픈데 음식을 살 수 없다면 어떨까? 아픈데 약을 살 수 없다면? 지낼 곳이 없다면 더 힘들겠지? 세상에는 배고픔과 가난에 허덕이는 사람이 아직도 많아.

사람이 살아가려면 최소한의 음식, 옷, 생활용품 등이 필요해. 하지만 이 기본적인 것들을 누리지 못한 채 하루에 1.9달러(우리나라 돈으로는 약 2,500원)보다 적은 돈으로 생활하는 사람들이 있어. 이들을 **극빈층**이라고 해.

가난한 삶

루마니아에 사는 안드레이는 학교 가는 걸 무척 좋아하는 열한 살 소년이야. 하지만 안드레이가 학교에 가려면 들판을 가로지르고, 낡은 다리도 혼자서 건너야 해. 1시간을 꼬박 걸어가야 해서 학교에 못 가는 날도 있어.

안드레이네는 일정한 수입이 없어. 그래서 매일 끼니 걱정을 해야 하고, 배가 고파도 꾹 참아야 해. 배에서는 늘 꼬르륵 소리가 나. 밤이 되면 딱딱하고 오래된 침대나 부엌 옆 차가운 바닥에서 자야 해.

전 세계의 가난한 아이들이 **유니세프**의 지원을 받으며 살고 있어. 유니세프는 모든 아이가 건강하고 안전하게 자라서 자신의 능력을 펼치는 세상을 만들기 위해 노력해. 그래서 의료 서비스를 제공하는 것은 물론이고, 교육 시설도 지원해서 아이들에게 교육받을 기회를 주고 있어.

대부분의 나라에는 일자리가 없거나 수입이 적은 사람을 도와주는 복지 제도가 있어. 한국에도 이런 사람들을 지원하는 제도가 있고, 직장을 구하려는 사람과 일자리를 연결해 주는 센터도 있지. 그래도 여전히 **상대적 빈곤**을 겪는 사람이 많아. 이 사람들은 아주 기본적인 생활을 할 수 있을 정도의 돈은 있지만, 여가를 즐길 만한 형편은 안 돼. 세계의 많은 아이들이 상대적 빈곤을 겪는 가정에서 자라고 있어. 어른들이 하루 중 많은 시간을 돈을 버는 데 쓰고, 집으로 돌아와서는 집안일을 하느라 바쁘다 보니, 아이들은 어른들의 보살핌 없이 혼자 보내는 시간이 많아.

어떤 아이들은 공부하다가 모르는 내용이 있으면 바로 질문을 해. 공부를 도와줄 어른이 항상 곁에 있거든.

하지만 어떤 아이들은 어른의 도움을 받기 어려워서 혼자 공부해. 그러다 보면 체계적으로 교육받을 기회가 점점 줄어들어.

 상대적 빈곤 속에서 사는 사람들은 친환경 제품이나 공정 무역 제품(13쪽)을 사기 어려워. 너무 비싸거든.

가난에서 벗어나려면?

가난한 사람에게 돈을 주면 당장 눈앞에 있는 어려움은 해결할 수 있지만, 가난에서 온전히 벗어나기는 어려워. 돈을 다 쓰면 다시 빈곤해질 테니까. 그래서 유엔은 이런 사람들이 자기 힘으로 가난에서 벗어날 수 있도록 도와줘. 스스로 자신의 상황을 바꾸어 나가는 방법을 알려 주는 거야.

작은 규모로 농사를 지으며 살고 있는 가난한 농부들이 있어. 이 농부들에게 땅을 오랫동안 건강하게 유지하는 방법, 환경을 해치지 않고 농작물을 더 잘 자라게 하는 방법 등을 가르쳐 주면 어떻게 될까? 농부들은 더 많은 작물을 수확하게 될 거야. 하지만 수확량이 늘어난다고 해도 작물을 보관할 마땅한 시설이 없으면 아무 소용이 없어. 애써 수확한 과일과 채소가 다 상할 테니까. 이럴 땐 농부들에게 창고를 지어 주면서 작물을 오래 보관하는 방법을 알려 주는 게 좋겠지? 또 작물을 시장까지 운송하기 어려울 때는 대신 운송해 주는 게 아니라 도로를 내 주는 게 장기적으로 좋을 테고!

계속 이런 방식으로 지원하면 농부들은 지금보다 돈을 더 벌 수 있을 거야. 늘 배고팠던 사람들의 접시에 맛있는 음식이 수북이 담기게 되는 거지.

유엔식량농업기구의 목표 가운데 하나는 먹을 것이 없어서 굶주리는 사람이 없는 세상을 만드는 거야. 이 외에도 농촌 지역의 빈곤 문제를 해결하고, 사람들에게 식량이 공평하게 분배될 수 있도록 노력하고 있어.

인도 남부에 사는 농부들의 생활 수준은 예전보다 많이 좋아졌어. 유엔과 현지 전문가들이 경제적으로 자립하는 방법을 상담해 주고, 작은 개인 사업을 시작할 수 있도록 '마이크로크레디트'라는 소액 대출을 해 주었거든. 그동안 농부들은 신용이나 담보가 없어서 은행을 통해 대출받을 수 없었는데, 마이크로크레디트를 통해 자립의 발판을 마련할 수 있게 됐어.

새로운 삶을 살게 된 인도 사람들

목화를 재배하던 가난한 농부들은 마이크로크레디트를 통해 돈을 빌렸어. 그 돈으로 씨앗과 거름, 농기계 등을 공동으로 저렴하게 구입했고, 그 덕에 농작물 수확량이 점점 늘었어. 농부들은 수입이 많아졌고, 경제적으로 자립할 수 있었지.

샤일라는 마이크로크레디트로 돈을 대출받아 예전부터 해 보고 싶었던 장미 재배 사업을 시작했어. 정성스럽게 기른 장미를 팔아서 돈을 벌었고, 그렇게 번 돈은 가족의 생계와 아이들 교육에 쓰고 있어.

굶주림에 고통받는 사람들

아프리카의 섬나라 마다가스카르에는 이파리, 나무뿌리 같은 야생 식물만 먹으며 사는 사람들이 많아. 몇 년 전부터 이곳에 비가 거의 내리지 않아서 애써 기르던 농작물이 다 말라 버렸거든. 가축들도 먹을 풀이 없어서 모두 굶어 죽었어. 시장에서 먹을거리를 팔기는 하지만, 너무 비싸서 가난한 사람들은 살 엄두도 못 내. 전 세계가 마다가스카르처럼 끔찍한 상황은 아니지만, 굶주림에 시달리는 사람은 지구 곳곳에 아직도 많아. 이뿐만 아니라 **숨은 기아**로 고통받는 사람은 세상에 훨씬 더 많지. 숨은 기아는 배는 곯고 살지는 않지만, 비타민이나 철분 같은 영양소가 부족한 상태를 말해. 숨은 기아를 겪고 있는 사람들은 가난하기 때문에 대부분 멀건 쌀죽이나 옥수수죽만 먹을 뿐 신선한 채소나 과일은 꿈도 꿀 수 없어. 영양가 높은 음식을 골고루 섭취할 수 없으니 결국 심각한 영양 부족 상태가 돼.

빈곤의 악순환

배고픈 아이들은 자주 아프기 때문에 학교에 못 가는 날이 많아. 교육을 제대로 받을 수 없으니 나중에 안정적으로 돈을 벌 수 있는 직업을 구하기 어려워. 그러면 계속 가난하게 살 수밖에 없고, 결국 자기 아이들에게도 영양가 높은 음식을 사 줄 수 없게 돼. 이렇게 빈곤이 계속 되풀이되는 거야.

기아는 왜 생길까?

홍수, 가뭄, 병충해 등으로 농작물을 제대로 수확하지 못하거나 너무 가난해서 식량을 살 수 없을 때 기아가 발생해. 메뚜기 떼의 습격 같은 재난도 기아의 원인 가운데 하나야. 동아프리카에서는 메뚜기 떼가 농경지를 쑥대밭으로 만들고 있어. 사막메뚜기 수억 마리가 하루 최대 150km를 이동하면서 농작물을 순식간에 먹어 치우거든.

왕성한 식욕을 자랑하는 메뚜기 떼를 물리치려면 어떻게 해야 할까? 국제 사회는 피해 국가들에 자금을 지원해 주고, 피해 국가는 메뚜기 떼가 어디로 이동하는지 추적하면서 드론이나 헬리콥터로 살충제를 뿌려 메뚜기 떼의 확산을 막아야 해. 모두가 협력하면 문제를 효과적으로 해결해 나갈 수 있어.

- **전쟁(20~25쪽)**이 일어나면 **빈곤(34~35쪽)**에 허덕이는 사람들이 많아지고, 이 사람들은 돈이 없어서 식량을 구하기 어려워.
- **기후 변화(26~31쪽)**로 자연재해가 예전보다 더 자주 일어나고 있어. 해마다 메뚜기 떼의 습격이 늘어나는 것도 열대성 저기압이 자주 발생하면서 비가 많이 내리기 때문이야. 공기가 습해진 탓에 메뚜기가 살기 좋은 환경이 됐거든!

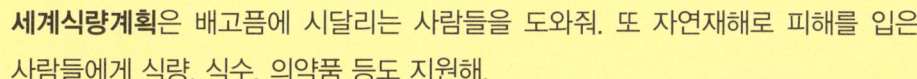

세계식량계획은 배고픔에 시달리는 사람들을 도와줘. 또 자연재해로 피해를 입은 사람들에게 식량, 식수, 의약품 등도 지원해.

건강을 지켜라

우리는 몸이 아프거나 병에 걸리면 병원에 가서 쉽게 진료를 받을 수 있어. 사실 인간이라면 누구나 누려야 하는 당연한 권리지. 하지만 전 세계 인구 7명 중 1명은 제때, 제대로 된 치료를 받지 못해. 의사, 간호사 등 의료인이 부족한 나라가 많거든. 병원이 아예 없는 지역도 있고, 병원이 있다고 해도 아주 멀리 떨어져 있어서 한 번 가려면 며칠이 걸리기도 해. 또 가난한 사람들은 돈이 없으니 치료를 받을 수도, 약을 살 수도 없어. 영유아(만 6세까지의 어린아이)가 아프면 특히 위험해. 이 시기의 아이들은 상대적으로 면역력이 약해서 병에 걸리기 쉽거든. 매일 16,000여 명의 영유아가 목숨을 잃어. 사망 원인의 대부분은 설사, 폐렴, 말라리아야. 사실 이런 질병들은 지금의 의료 기술로 충분히 예방하고 치료할 수 있어서 더 안타까워. 지난 20년 동안 **세계의 의료 서비스 수준은 아주 많이 높아졌어**. 하지만 우리가 가야 할 길은 아직 멀어. 아프면 누구나 언제든 치료받을 수 있는 날이 올 때까지 더 노력해야 해!

영양 부족이나 기아(36~37쪽) 상태가 계속되면 면역력이 약해져서 질병에 걸리기 쉬워.

말라리아를 예방할 수 있을까?

얼룩날개모기는 '말라리아'라는 열병을 옮겨. 말라리아에 감염되면 목숨을 잃을 수도 있어서 모기에 물리지 않도록 조심해야 해. 최근에는 기후 변화 때문에 덥고 습한 지역이 늘어나다 보니 모기의 서식지도 크게 늘었어.

말라리아에 감염되지 않으려면 어떻게 해야 할까? 일단 모기에 물리지 않도록 주의해야 해. 말라리아 유행 지역에 사는 사람들은 살충 처리를 한 모기장 안에서 자는 게 좋아. 그래서 유엔은 특수 모기장 수백만 개를 만들어서 사람들에게 나눠 주었고, 그 결과 말라리아에 감염되는 사람들이 점점 줄고 있어.

세계보건기구는 전 세계 환자들이 적절한 치료를 받을 수 있도록 지원하고, 예방 접종과 심각한 전염병 퇴치에도 힘쓰고 있어. 세계보건기구의 최종 목표는 사람들에게 균형 잡힌 식사와 충분한 신체 활동이 얼마나 중요한지 알려서 각자 스스로 자신의 건강을 돌볼 수 있도록 하는 거야.

주사 한 대의 놀라운 효과

백일해, 볼거리, 홍역은 전염병이야. 자칫하면 생명을 잃을 수도 있지만, **예방 주사를** 맞으면 크게 걱정하지 않아도 돼. 요즘에는 의료 기술이 발달해서 주사 한 대, 알약 하나, 물약 몇 방울만으로 위험한 병들을 예방할 수 있어. 그래서 세계보건기구가 전 세계 구석구석을 찾아다니며 사람들에게 예방 접종을 해 주는 거야. 큰 성과도 있었어. 소아마비는 바이러스에 감염되어 나타나는 질병인데, 예방 주사 덕분에 소아마비가 마지막으로 나타난 아프가니스탄과 파키스탄을 제외하면 이 병에 걸리는 아이는 거의 없어. 홍역도 마찬가지야! 천연두는 사망률이 아주 높았는데, 이제는 거의 사라졌어. 예방 접종의 엄청난 효과가 입증된 셈이지. 그래서 세계보건기구는 전 세계 사람들 모두가 예방 주사를 맞을 수 있도록 계속 활동하고 있어!

코로나바이러스가 유행하기 시작하자, 전 세계 전문가들이 협력해서 아주 짧은 기간에 백신을 개발했어. 하지만 처음에는 백신이 턱없이 부족했어. 당장 많은 양을 생산할 수 없었거든. 그나마 있던 백신은 부유한 나라들이 거의 다 사 가 버렸고, 가난한 나라들은 백신을 구경조차 할 수 없었어.
건강은 모두의 권리이기 때문에 누구나 의료 혜택을 받을 수 있어야 해. 그래서 유엔은 가난한 나라가 소외되지 않고 백신 접종을 할 수 있도록 여러 방면으로 지원하고 있어.

가난한 사람들은 코로나바이러스 감염을 피할 수 없었어. 서로 다닥다닥 붙어 지내는 탓에 사회적 거리두기를 할 수 없었고, 물이 귀해서 손을 자주 씻을 수 없었거든. 시장, 식당, 공장 들도 하나둘씩 문을 닫는 바람에 일자리를 잃은 사람도 많아. 하루아침에 수입이 끊겨서 가난한 사람들은 예전보다 더 가난해졌어.

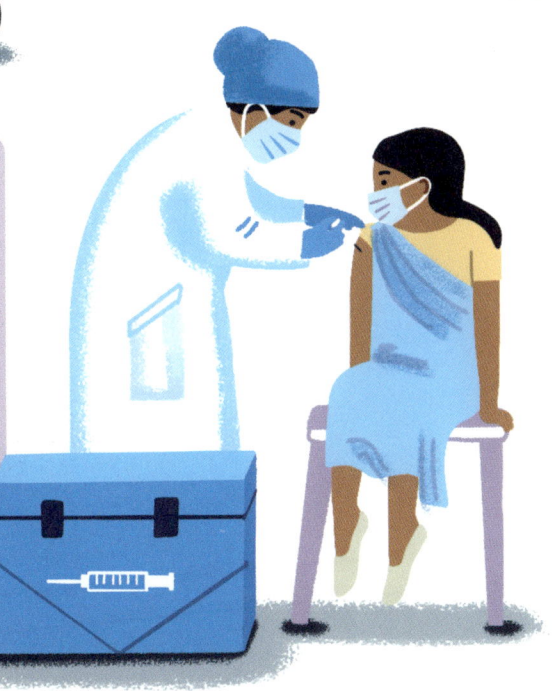

모두가 깨끗한 물을 마시고 사용할 수 있는 날이 올까?

요즘 한국에서 마시고 씻을 물이 없거나, 변기에 내릴 물이 없어서 걱정하는 사람은 거의 없을 거야. 수도꼭지만 틀면 깨끗한 물이 콸콸콸 나오니까! 하지만 전 세계 인구 3명 중 1명에게는 꿈도 꿀 수 없는 일이야.

세상에는 물이 부족한 곳이 아주 많아. 특히 아시아, 남아메리카, 아프리카의 일부 지역은 아주 건조하고, 제대로 된 수도 시설이 없는 곳도 있어서 물을 길어다가 마셔야 해. 보통 멀리까지 가야 해서 강물을 마시는 사람들도 있어. 하지만 강물은 깨끗하지 않아서 계속 마시면 콜레라, 장티푸스 같은 병에 걸릴 위험이 커져. 실제로 이런 병에 걸려서 목숨을 잃는 아이들이 하루에 700명도 넘어.

누구나 깨끗한 물을 마시고 쓸 수 있어야 해. 사람이 아주 기본적인 생활을 하는 데 깨끗한 물은 꼭 필요하니까!

화장실이 없다고?
세상에는 화장실이 없어서 길가나 들판에 나가 용변을 해결해야 하는 사람들도 있어. 물이 부족하니까 볼일을 보고 손을 씻는 것은 상상도 못 할 일이지. 세균이 득실거리는 손으로 이곳저곳을 만지다 보니, 질병에 걸리기도, 질병이 퍼지기도 쉬워.

 화장실이 없어서 길거리에서 용변을 해결해야 한다고 생각해 봐. 얼마나 창피할까? 이건 정말 심각한 **인권(44~49쪽)** 침해야!

메리는 오늘도 5km나 떨어져 있는 우물까지 물을 길으러 가. 꼬박 2시간이 걸리고, 가는 길도 무척 위험해. 사실 우물물이 깨끗하지도 않아서 설사병에 걸린 적이 많아. 그러니 자꾸 학교를 빠질 수밖에 없어.

어느 날, 마을 사람들이 **유엔개발계획**의 지원을 받아서 식수 펌프장을 지었어. 덕분에 지하 깊숙이 있는 깨끗한 물을 길어 올릴 수 있게 되었지. 물은 물탱크에 저장해 두었다가 학교나 가정 등 필요한 곳으로 보내.

이제 배가 아프지 않아서 학교에 빠지지 않고 갈 수 있어요. 열심히 공부해서 성적도 많이 올랐고요. 이렇게 계속 공부하다 보면 의사가 될 수 있겠죠?

마을에 식수 펌프장이 생긴 뒤로 학교에 오는 아이들이 많아졌어. 교실에 앉아 수업을 듣는 아이들의 얼굴에는 웃음꽃이 피었지. 이제 메리도 우물까지 물을 길으러 가지 않아도 돼!

인권을 지켜라

1948년 유엔은 세계 인권 선언을 통해 인간의 기본적인 권리, 즉 **인권**은 누구에게나 동등하게 보장되어야 한다고 했어. 이때 채택된 문서가 **세계 인권 선언문**이고, 이는 자유와 평등에 관한 지침이 되었어. 유엔 회원국들은 인권 선언문의 내용을 지켜야 해. 인권은 누구에게나 똑같아. 사람은 모두 자유와 안전, 행복을 누릴 권리가 있거든. 어느 나라에서 태어났든, 돈이 많든 적든, 어떻게 생겼든, 종교가 무엇이든, 자신의 성 정체성이 무엇이든, 누구를 사랑하든 상관없이 말이야. 인간은 누구나 존엄하고 가치 있는 존재이기 때문에 개개인 모두 존중받고 보호받아야 해.

> 어느 나라에 정부를 비판한 사람이 있다고 가정해 보자. 화가 난 정부가 그 사람을 감옥에 가둬 버리면 심각한 인권 침해겠지? **유엔인권이사회**는 회원국들에서 이러한 인권 침해가 발생하는지 감시하는 일을 해. 회원국들이 국민의 인권을 존중하고 보호하고 있는지 계속 살피는 거야.

피켓에 적혀 있는 내용은 세계 인권 선언문의 일부야.

모든 어린이는 배울 권리가 있어

가끔은 수업 시간이 재미없고 학교에 가기 싫은 날도 있을 거야. 하지만 어린이들에게 **학교 교육**은 정말 중요해. 나중에 일자리를 구하려면 기본적으로 알아야 하는 읽기, 쓰기, 셈하기부터 친구와의 관계, 다른 나라의 문화까지도 배울 수 있으니까.

세상에는 학교에 가고 싶지만 갈 수 없는 아이들도 있어. 특히 아프리카와 아시아에 이런 아이들이 많은데, 통학할 수 있는 거리에 학교가 없어서 못 가는 경우가 허다해. 하지만 학교에 간다고 해서 모두 질 높은 교육을 받는 것은 아니야. 도시와 멀리 떨어져 있는 곳은 선생님과 교실이 부족해서 한 반에 200명이 넘는 아이들이 함께 공부하는 경우도 있거든.

모두 모여라, 함께 공부하자!
학교는 모두를 위한 거야. 장애가 있든 없든 교육받을 권리는 똑같아! 그래서 유엔 회원국들은 통합 교육을 하기로 했어. 통합 교육은 장애를 가진 학생과 장애가 없는 학생이 한 교실에서 함께 수업을 듣는 거야. 한국에도 통합 학급이 많이 있어!

가족들의 생계를 위해 돈을 벌어야 해서 학교에 갈 수 없는 아이들도 있어. 부모님이 버는 돈만으로는 가족들이 먹고살 수 없기 때문이지. 전 세계의 어린이 10명 중 1명은 일하느라 학교에 못 가. 이런 아이들은 가끔 시간이 나서 학교에 가도 너무 피곤하고 졸려서 수업에 집중하기 어려워 해.

네팔에 사는 니르빅은 아홉 살이야. 작은 방에서 엄마와 단둘이 살아. 니르빅은 여섯 살 때부터 밭에서 일을 했어. 엄마와 니르빅 모두 돈을 벌어야 두 식구가 겨우 배를 채울 수 있거든. 이런 상황을 알게 된 **국제노동기구** 직원은 엄마에게 염소 2마리를 줄 테니 니르빅을 학교에 보내자고 설득했어. 염소젖을 짜서 팔면 니르빅이 일하지 않아도 돈을 벌 수 있을 테니까! 직원의 오랜 설득 끝에 니르빅은 학교에 갈 수 있게 되었고, 지금은 반에서 가장 열심히 공부하고 있어!

 어릴 때부터 일해야 하는 아이들은 교육을 제대로 받을 수 없어. 그러면 어른이 되어서도 안정적으로 돈을 벌 수 있는 직업을 구하기 어려워. 그래서 계속 가난에 허덕이게 되고, 나중에 결혼해서 낳은 아이 역시 가족의 생계를 위해 일해야 해. 제대로 교육받아야 가난(32~35쪽)에서 벗어날 수 있어!

여자아이라서 안 된다고?

여자와 남자가 동등한 기회를 누리는 나라가 거의 없다면, 믿을 수 있겠니? 몇몇 나라에서는 일찍부터 **성차별**이 시작돼. 딸에게는 먹을 것을 적게 주거나 영양가가 낮은 음식을 줘. 여자아이는 아파도 병원에 데려가지 않고, 아예 학교에 보내지 않는 나라도 있어. 대신 요리하기, 빨래하기, 동생 돌보기, 물 길어 오기 등 집안일을 돕는 시간은 여자아이가 남자아이보다 2배나 길어. 여자아이는 여자라는 이유로 아동의 권리를 누리지 못한 채로 살고 있어.

전 세계의 여성 중 1,200만 명은 열여덟 살이 되기도 전에 결혼을 해. 자신이 원하지 않더라도 결혼해야 하고, 남편을 선택할 수도 없어. 이렇게 결혼하는 경우, 대부분 극심한 가정 폭력을 당하며 불행하게 살아.

우리도 공부하고 싶다고!

차이가 이렇게 많이 난다고?
- 전 세계 국가 수장 중에 여성은 15명에 1명꼴이야.
- 청소, 요리, 빨래 등 집안일과 육아는 아무리 열심히 해도 돈을 받을 수 없어. 세계적으로 여성이 남성보다 이런 가사 노동에 3배나 더 많은 시간을 쓰고 있어.
- 한국에서 기업을 운영하는 대표 중에 여성은 10%가 채 안 돼. 교육 수준은 비슷한데 말이야.
- 가정에서 중요한 결정을 내려야 할 때, 남자들끼리만 의견을 나누는 나라가 아직도 많아. 여자는 좋은 의견이 있어도 목소리를 낼 수 없어.

유엔은 **성평등**을 실현하고 여성의 교육 기회를 늘리기 위해 노력해. 성평등 캠페인을 벌이거나, 교육 프로그램을 만들어 여성들이 질 높은 교육을 받을 수 있도록 돕고 있어. 교육 수준이 높아지면 여성들이 좋은 직업을 가질 수 있고, 직접 돈을 벌어서 주체적으로 살 수 있어.

아말레는 남아프리카 공화국에 살고 있는 대학생이야. 대학에서 치과 치료에 사용하는 보철물, 교정 장치 등을 제작하는 치기공학을 공부하고 있어.

몇 년 전, 아말레는 **유엔여성기구**가 운영하는 교육 프로그램을 통해 한 엔지니어 회사에서 고등학생 실습생으로 일했어. 그때 많은 여성들이 주체적으로 즐겁게 일하는 모습을 보면서 '여자도 원하는 직업을 가질 수 있고, 성공할 수 있다'는 것을 깨달았지. 용기를 얻은 아말레는 열심히 공부해서 대학에 입학했고, 지금은 이 분야의 전문가가 되기 위해 열심히 공부하고 있어.

남자? 여자? 아니면…
사회적 성은 명확하게 2개로 나뉘지 않아. 자신이 남성과 여성, 그 어느 쪽에도 속하지 않는다고 느끼는 사람도 있거든. 이런 사람들은 사회에서 소외되거나 불이익을 당하는 경우가 많아. 하지만 누구에게나 인권은 있고, 인권은 똑같이 존중받아야 해!

세계의 시급한 문제들을 빨리 해결할 수 없는 이유

세상에는 기후 변화, 빈곤, 기아, 불평등, 인권 침해 등 모두가 협력해서 풀어 나가야 할 문제가 아주 많아. 유엔은 이 시급한 문제들을 해결하기 위해 노력하고 있지만, 빨리 해결하지 못하는 데에는 몇 가지 이유가 있어.

유엔은 총회를 열어 모든 회원국 대표들이 모인 자리에서 문제 해결 방법을 논의하고 결정해. 하지만 다들 자기 나라의 이익을 먼저 생각하기 때문에 **모두가 받아들일 수 있는 결론을 이끌어 내는 것은 아주 힘들어.** 그래서 결의안 하나를 통과시키려면 시간이 아주 오래 걸릴 수밖에 없어.

어려움에 처한 사람들을 돕고, 환경 문제를 해결하고, 평화를 지키려면 돈이 아주 많이 들어. 유엔은 해마다 회원국들에 '분담금'이라고 하는 회비를 걷어서 자금을 마련해. 그런데 이 분담금을 내지 않거나 내야 할 분담금 중 일부만 내는 나라들도 있어. 이런 상황이 계속되면 유엔은 **자금 부족**으로 계획했던 일들을 제때 할 수 없게 돼.

전쟁을 막으려면 안전보장이사회의 15개 이사국 중 최소 9개 나라가 찬성해야 해. 하지만 5개 상임이사국 중 어느 한 나라라도 반대하면, 아무리 찬성하는 나라가 많아도 결의안이 통과될 수 없어. 상임이사국은 **거부권**을 가지고 있어서 반대표를 던질 수 있거든. 나머지 나라들이 모두 찬성해도 한 나라가 방해할 수 있는 거야.

유엔총회의 결의안은 회원국의 3분의 2 이상이 찬성하면 통과돼. 하지만 어떤 나라가 통과된 결의안의 내용을 지키지 않더라도 **경고하거나 잘못을 지적할 수 있을 뿐, 다른 불이익을 줄 수는 없어**. 반면, 안전보장이사회의 결의안은 구속력이 있기 때문에 회원국들은 통과된 결의안의 내용을 꼭 지켜야 해. 하지만 어떤 나라가 이 내용을 지키지 않았을 때 처벌할 수 있는 실질적인 규정이 없어. 그래서 안전보장이사회의 결의안이 정말 효력이 있는 것인지에 관한 논란은 계속되고 있어.

> 유엔 회원국들은 지속 가능한 발전을 위한 17개 목표를 세우고, 2030년까지 달성하기로 약속했어. 그래서 유엔은 해마다 나라별로 어떤 분야가 부족하고 발전했는지를 평가한 보고서를 발표해. 2023년 발간한 보고서에 따르면 한국은 생태계 보전, 양질의 일자리 마련, 기아 종식 등 여러 분야에서 미흡하다는 평가를 받았어. 앞으로 목표 달성을 위해 더 노력해야겠지?

더 좋은 방향으로 나아가고 있어

세상에 해결해야 할 문제들만 있는 것 같다고? 그렇지 않아. 자세히 들여다보면 여러 분야에서 조금씩 발전하고 있어.

세계의 극빈층 비율

1990년

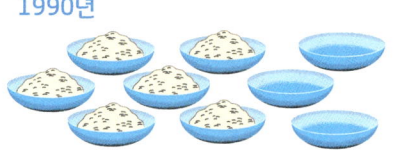

현재

세계의 초등학교 여학생 졸업률

1990년

현재

몹시 가난하게 사는 사람을 **극빈층**이라고 했지? 1990년에는 전 세계 인구의 약 30%가 극빈층이었지만, 지금은 많이 줄었어.

예전에는 **초등학교**에 입학은 했지만, 졸업하지 못하는 여자아이들이 꽤 많았어. 지금은 10명 중 9명이 졸업해. 대부분 초등학교 공부를 마치는 셈이야.

세상에는 멸종 위기에 처한 동식물이 아주 많아. 그중 혹등고래는 거의 멸종 상태였는데, **포획 금지** 조처가 내려지면서 지금은 개체 수가 조금씩 늘고 있어. 사람들이 모두 함께 노력한 덕분이야!

세계의 성인 문맹률

1990년

현재

글자를 읽고 쓸 줄 모르는 사람을 **문맹**이라고 해. 1990년에는 전 세계 성인의 약 30%가 문맹이었지만, 지금은 10% 정도로 줄었어. 성인 대부분이 글자를 읽고 쓸 줄 아는 거야.

예전에는 독재 체제 아래에서 개인의 자유를 보장받지 못하는 사람도 있었지만, 지금은 **민주주의** 체제 안에서 살고 있는 사람이 그 어느 때보다 많아. 민주주의 국가에서는 선거를 통해 국민이 정부를 결정하고, 누구나 자기 의견을 자유롭게 말할 수 있어.

유엔 회원국 대부분이 **여성의 권리**를 존중하고 보호하겠다고 약속했어. 그래서 여성에게 불리한 법을 하나씩 개정해 나가기 시작했지!

우리 손에 달렸어

세상에서 일어나는 문제들은 쉽게 해결되지 않아. 모든 사람이 각자의 역할을 다할 때, 세상은 조금씩 달라질 거야. **너도 그 사람들 가운데 하나야!**

태어난 나라, 피부색이 달라서 차별받는 사람을 도와준 적 있니?

너와 생각이 다른 사람의 말을 끝까지 잘 듣고, 그 의견도 받아들일 수 있겠니?

친구와 의견 다툼이 생겼을 때 어떻게 할 거야?

같은 반 친구가 다른 친구를 괴롭히는 걸 봤을 때 넌 어떻게 할 거야? 혹시 모른 척할 거니?

너희 가족은 온실가스를 덜 배출하기 위해 어떤 노력을 하고 있어?

모든 사람이 서로 존중하고, 생활 속에서 환경 행동을 매일 하나씩 실천한다면 우리가 사는 세상은 훨씬 더 좋은 곳이 될 거야!

나도 오늘부터 환경 지킴이!

생활 속에서 에너지를 절약하고 온실가스 배출량을 줄이는 방법이야.
오늘부터 차근차근 실천해 보자!

되도록 자동차 대신 자전거나 지하철, 버스를 이용하고, 가까운 거리는 걸어 다니자. 또 비행기를 타고 가야 하는 여행을 계획하고 있다면 한 번 더 고민해 봐! 비행기는 다른 운송 수단들보다 훨씬 더 많은 양의 온실가스를 배출하거든.

우리 마을에서 재배한 먹거리를 사 먹는 것도 좋은 방법이야. 먹거리의 운반 거리가 짧아져서 온실가스가 덜 배출되거든. 오랫동안 냉장 보관을 할 필요도 없어!
일주일에 한 번은 고기 없이 식사하는 건 어때? 특히 소고기를 덜 먹는 거야. 소는 소화 과정에서 메탄이라는 온실가스를 많이 내뿜거든. 또 소에게 줄 사료 작물을 재배하려고 숲을 없애면, 이 과정에서 이산화 탄소를 흡수하는 나무들이 사라져. 그래서 더 큰 문제가 되고 있어.

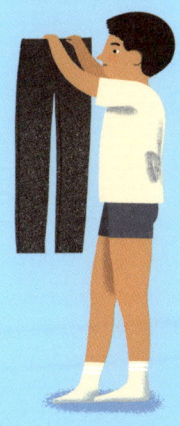

청바지, 티셔츠, 가디건 등 입었던 옷을 세탁기에 넣기 전에 꼭 빨아야 하는지 다시 한번 생각해 봐. 세탁기를 돌릴 때마다 물과 전기가 많이 들거든!

겨울에 옷을 한 겹 더 껴입고, 실내 온도를 1°C만 낮춰도 에너지를 많이 절약할 수 있어!

2030 지속 가능한 발전 목표

2015년 9월, 유엔 회원국들은 지구촌 문제를 해결하려고 17개의 지속 가능한 발전 목표를 세웠어.

   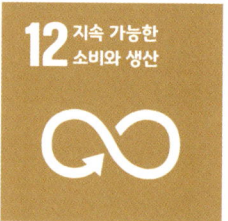

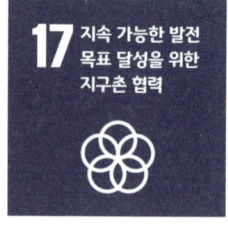

전 세계에서 일어나고 있는 문제들은 더 이상 먼 나라의 일이 아니야. 모든 문제는 우리와 연결되어 있고, 이 문제는 **다 함께 해결해 나가야 해.**

지구촌 문제는 우리 모두의 문제

아침 뉴스를 통해 전쟁 소식, 난민 문제, 기후 변화 등 지구촌에서 일어나는 일들을 보고 있으면, 심장이 쿵 내려앉는 듯한 기분이 듭니다. 그 어느 때보다도 인간을 포함한 이 세상 모든 동식물이 자신의 생명과 권리를 존중받고, 평화를 누리는 세상이 되기를 바라게 됩니다. 하나뿐인 지구에서 모두가 행복하게 살아갈 수 있도록 말이지요.

짧은 기간 동안 연거푸 벌어진 세계 대전이 겨우 끝났을 때, 평화를 염원하던 사람들의 간절함은 지금의 제 간절함보다 훨씬 컸을 거예요. 그 당시 사람들의 바람으로 탄생한 국제기구가 바로 '유엔(UN)'입니다. 1945년 51개국으로 발족했지만, 현재는 193개국이 가입한 세계에서 가장 큰 국제 조직이지요.

하지만 세계는 사람들의 바람과는 반대로 나아가고 있어요. 평화 유지는커녕 3차 대전에 대한 두려움이 계속 커지고, 이념 대립이나 전쟁의 화염에 휩싸인 나라도 많지요. 그뿐인가요. 유엔 창설 당시에는 생각지도 못했던 문제들이 계속 일어나고 있어요. 가난, 난민, 인권 등과 같은 문제는 물론이고, 생태계 파괴와 기후 변화의 공포는 과연 우리가 이 지구에서 얼마나 더 살 수 있을까? 하는 의심이 들게 합니다.

우리가 안고 있는 문제들은 어느 한 나라의 문제가 아닙니다. 그렇기에 한 나라의 힘만으로는 해결되지 않지요. 전 세계 모든 나라가 힘을 합해야만 해결할 수 있는 복합적인 문제들입니다. 지구촌 문제를 해결하기 위해 각국에 이해를 구하고, 이견을 조율해 나가는 일은 국제기구 유엔의 역할입니다. 모두의 미래를 위해 유엔에 힘을 실어 주어야 하는 이유이지요. 여러분이 《지구촌 해결사, UN》을 통해 유기적으로 연결되어 있는 지구촌 문제들을 더 잘 이해하고, 세계 정의를 이뤄내려는 유엔과 산하 기구의 노력에 공감하는 세계 시민으로 성장하길 바랍니다.

옮긴이 **김영진**